A.-FERDINAND HEROLD

—

Sâvitrî

COMÉDIE HÉROIQUE

EN DEUX ACTES, EN VERS

REPRÉSENTÉE PAR LE CERCLE DES ESCHOLIERS

LE 13 AVRIL 1899

PARIS

...TÉ DV MERCVRE DE FRANCE

, RVE DE L'ÉCHAVDÉ-SAINT-GERMAIN, XV

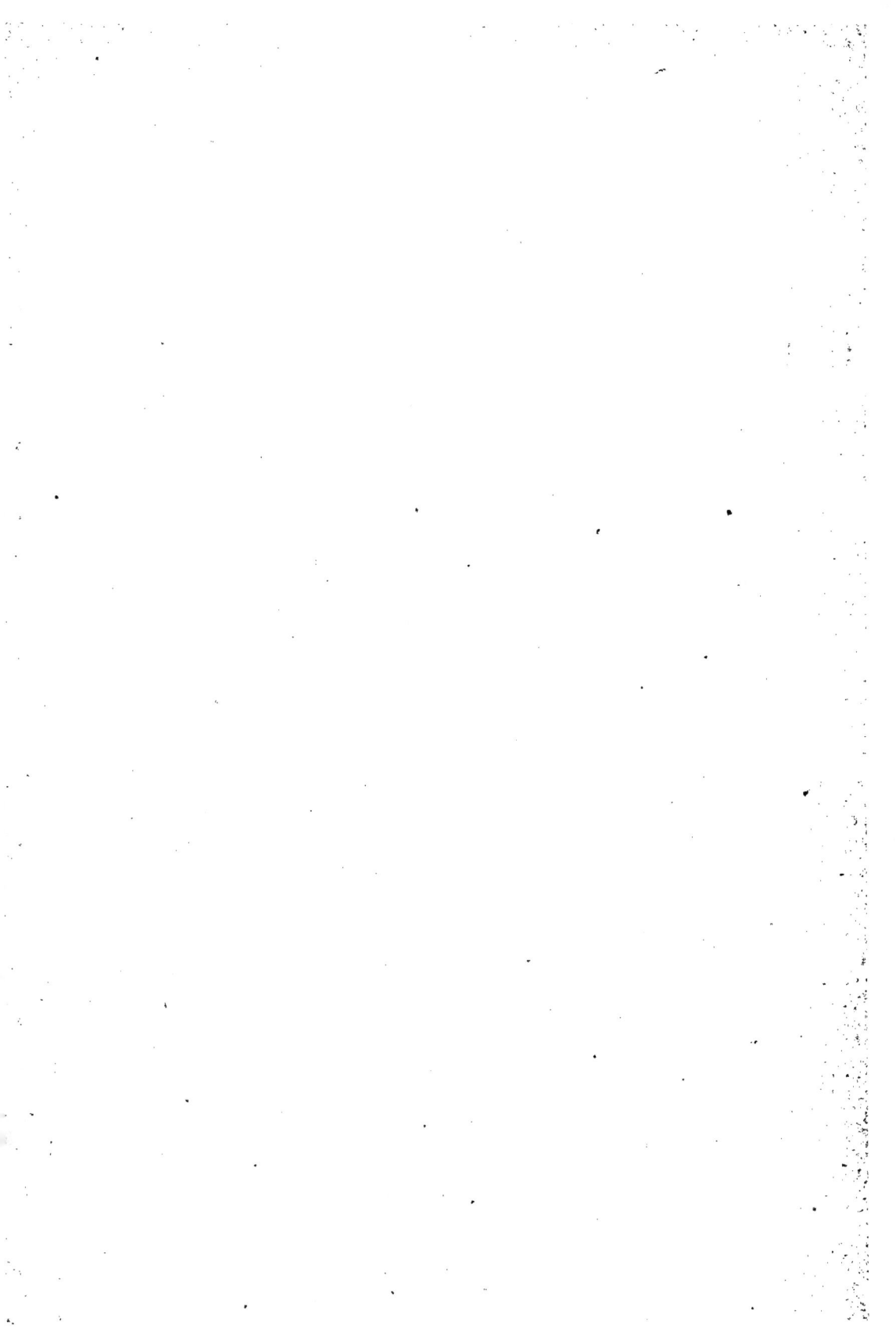

DU MÊME AUTEUR

Traductions

SAVITRI

a.

IL A ÉTÉ TIRÉ DE CET OUVRAGE :

Dix exemplaires sur chine, numérotés de 1 à 10, et quinze exemplaires sur hollande, numérotés de 11 à 25.

JUSTIFICATION DU TIRAGE

A.-FERDINAND HEROLD

SAVITRI

COMÉDIE HÉROIQUE

EN DEUX ACTES, EN VERS

REPRÉSENTÉE PAR LE CERCLE DES ESCHOLIERS

LE 13 AVRIL 1899

PARIS

SOCIÉTÉ DV MERCVRE DE FRANCE

XV, RVE DE L'ÉCHAVDÉ-SAINT-GERMAIN, XV

M DCCC XCIX

A

MARCEL SCHWOB

PERSONNAGES

SAVITRI........ .... Mlle Marie Besson.

SATYA........................... MM. Henri Monteux.

YAMA............................ — Vayre.

LAKSHMI............... .... Mlles Dortzal.

LA REINE DE LA FORÊT.......... — Juliette Forty.

LES DÉESSES DE LA FORÊT....... { — Marie Marcolle — Deken.

Dans l'Inde

ACTE I

Une clairière. Au premier plan à gauche, une hutte. A gauche et à droite débouchent plusieurs sentiers. Au fond, un étang fleuri de lotus.

A l'ouverture du rideau, la scène est vide. C'est l'aube. D'un arbre sort une des Déesses de la forêt. Elle regarde vers le fond. Elle voit que le soleil paraît. Elle fait alors des signes, et, des arbres et des fleurs, sortent les autres Déesses.

SCÈNE I

LES DÉESSES DE LA FORÊT

UNE DÉESSE

La brise caressante et molle de l'aurore
Emporte les parfums des fleurs en ses frissons,
Les corolles sourient au ciel qui se colore
Et l'heureuse forêt est pleine de chansons.

UNE AUTRE DÉESSE

Les froids lotus qu'ouvrait le baiser de la lune
Se ferment aux rayons glorieux du soleil ;
Les étoiles des nuits s'éteignent une à une :
Salut, roi du matin, maître du jour vermeil.

LA PREMIÈRE

Maître, viens réjouir de ta lumière blonde
La clairière où l'étang dort un sommeil fleuri ;
Caresse la demeure calme, où, loin du monde,
Vit auprès de Satya la belle Sâvitrî.

LA SECONDE

Maître, apporte la joie à la chère exilée :
Dans la forêt, on la prendrait pour notre sœur,
Quand, au matin, suivant une pensive allée,
Elle va, les yeux purs d'une claire douceur.

LA PREMIÈRE

Sâvitrî, chaste sœur des lianes, oublie
Les jours vécus jadis en d'orgueilleux palais ;
Le bois paisible est ton asile : chasse-les,
Les souvenirs de deuil et de mélancolie.

LA SECONDE

Nous, les Déesses qui veillons sur la forêt,
Nous ouvrirons pour toi nos plus belles corolles,
Et nous te charmerons des plus douces paroles,
Et nous tuerons en toi l'inutile regret.

Entre la Reine de la Forêt.

LA PREMIÈRE

Reine glorieuse, Déesse
A qui la forêt obéit,
Salut, ô grande chasseresse
De la douleur et de la nuit.

LA SECONDE

Salut, maîtresse bien-aimée,
Reine du printemps et des fleurs :
Devant toi la forêt charmée
Rit ses radieuses couleurs.

LA REINE

Chères sœurs, une vague inquiétude
M'empêche de répondre à votre accueil.
Oh, si l'hiver précoce et si le deuil
Allaient frapper le bois qui se dénude.

Si vous alliez périr au souffle amer
Du Dieu cruel qui vient ravir les âmes,
O fleurs ! Et si la plus chère des femmes
Allait gémir dans la nuit et l'hiver...

LA PREMIÈRE DÉESSE

O Reine, que dis-tu ? D'où te vient cette crainte ?

2.

LA SECONDE

Nul gémissement n'a troublé la forêt sainte.

LA REINE

Ah, si vous aviez vu cet être, comme moi,
Mes sœurs, vous trembleriez d'un invincible effroi.

LA PREMIÈRE DÉESSE

Qui donc ose troubler nos clairières joyeuses ?

LA SECONDE DÉESSE

Qui donc ose offenser les fleurs harmonieuses ?

LA REINE

Écoutez. Je rêvais au hasard des sentiers ;
Le printemps parfumait l'air paisible ; mes pieds
Frôlaient gaiement les herbes folles et les mousses ;
Des feuilles, que la rose aurore faisait rousses,
Descendaient des chansons de bonheur et d'amour :
C'était l'éveil rieur et tranquille du jour,
Et, légère, j'allais dans la jeune lumière.
Tout à coup, sœurs, en traversant une clairière,
Je vis un être qui rôdait sinistrement,
Morne et terrible à voir dans le matin charmant.
Les arbres devant lui taisaient leur frais murmure.

La démarche pesante et rude, la stature
Géante, il écrasait les malheureuses fleurs ;
Son vêtement semblait de nuit triste et de pleurs ;
Large et sombre son front était lourd de ténèbres,
Ses bras étaient puissants, et des éclairs funèbres
S'échappaient de ses yeux farouches et sanglants.
Il allait à travers le matin, à pas lents,
Comme un tigre affamé qui guette quelque proie.

LA PREMIÈRE DÉESSE

Hélas...

LA REINE

Je l'ai vu, sœurs, et j'ai perdu ma joie,
Et j'ai cru que c'était la mort du cher printemps.

LA SECONDE DÉESSE

Non : vois la frondaison des arbres éclatants
Pleine encore de mélodie et de sourire ;
Vois briller le soleil matinal et vois luire
L'étoile des lotus sur les calmes étangs.

LA PREMIÈRE

Chasse de ta raison l'inquiétude, ô reine :
Le printemps juvénile enchante la forêt.
Sans doute, il est parti, l'être qui t'effarait :
Le ciel est sans terreur et la terre est sereine.

LA REINE

Oui, le soleil est pur; la clairière et l'étang
Sont tranquilles; et je tremble encore, pourtant...

Elle regarde vers la gauche.

Ah... regardez, mes sœurs, là-bas... c'est lui qui passe!

LA PREMIÈRE DÉESSE

Dieux...

LA SECONDE

J'ai peur...

LA PREMIÈRE

Il approche...

LA REINE

La clarté s'efface...

LA SECONDE DÉESSE

Quel est ce compagnon terrible de la nuit ?

Yama entre et traverse le fond du théâtre.

LA PREMIÈRE

Dans ses yeux c'est la flamme de la mort qui luit!

Yama se tourne vers la hutte.

LA SECONDE

Je tremble.

LA PREMIÈRE

Mes genoux se dérobent.

LA SECONDE

       Regarde
Quelle flèche de mort son œil farouche darde.

LA REINE

Hélas, qui, dans la douce forêt, va mourir?
     Yama sort par la droite.

LA PREMIÈRE DÉESSE

O Dieux compatissants, daignez nous secourir.

LA SECONDE

Écartez de ces bois la menace mortelle.

LA PREMIÈRE

Rendez-nous, Dieux puissants, la lumière fidèle.

LA REINE

Dieux, écartez de la forêt les vents amers,
Et protégez l'oiseau pur et la fleur sacrée;
Protégez Sâvitrî, la princesse adorée :
Qu'un éternel printemps rie en ses rêves clairs!

> *Au seuil de la hutte paraissent*
> *Satya et Sâvitrî.*

SCÈNE II

LA REINE, LES DÉESSES, SATYA, SAVITRI

SAVITRI, *du seuil.*

Salut, Déesses chéries,
Vivantes fleurs de ces bois,
Et qui charmez de vos voix
Les aurores inflétries.

SATYA

Reine des arbres glorieux,
Et vous, Déesses aux grands yeux,
Si chères à la bien-aimée,
Salut, et que vos chants joyeux
Charment la forêt parfumée.

SAVITRI

Vous qui me répondiez avec des mots si doux,
Vous vous taisez? Mes sœurs, pourquoi vous taisez-vous?

Peut-être, à mon insu, vous aurai-je offensées :
Hélas ! je n'avais pas de mauvaises pensées,
Pardonnez-moi.

LA REINE

Toi ! nous offenser, Sâvitri !

SAVITRI

Ou peut-être, d'un doigt distrait, j'aurai meurtri
Le calice embaumé de quelque fleur pieuse ?

LA REINE

Ta main n'a blessé nulle fleur, ô gracieuse.

SAVITRI

Déesses, l'on dirait que vous avez pleuré...
Mais le printemps sourit par le bois vénéré,
La tempête n'a pas défeuillé la clairière,
Et c'est l'aurore, et c'est la splendeur coutumière...
Oh, pourquoi semblez-vous tristes, et, dans vos yeux,
Pourquoi vois-je perler des pleurs silencieux ?

> *La Reine fait signe aux Déesses de se taire, puis de s'éloigner, et, tandis qu'elle-même s'en va, elle s'adresse à Sâvitri.*

LA REINE

O Sâvitrî, que tes yeux ignorent les larmes,
Et ris à la forêt paisible que tu charmes;
Ris aux fleurs du printemps, et puisse le malheur
Ne pas voiler ton front d'un voile de douleur.

SCÈNE III

SATYA, SAVITRI

SAVITRI

J'ai peur, j'ai peur! Pourquoi les Déesses fidèles
Ne parlaient-elles point et pourquoi pleuraient-elles?

SATYA

O ma Sàvitri, chère amour, viens en mes bras!
Oh, viens, je veux baiser tes lèvres. Ne crains pas
Que le ciel rayonnant de ton bonheur se voile :
Parmi les astres, brille une divine étoile,
Pure dans le passé, pure dans l'avenir ;
L'orage ni l'hiver ne pourront la ternir :
Lumière souveraine et qui rayonne toute,
Elle m'éclaire et me rend joyeuse la route,
Et c'est l'étoile immortelle de mon amour.

SAVITRI

Satya, si leur silence annonçait le retour
Des angoissantes nuits et des pâles journées?

SATYA

Oui, j'entrais autrefois en des villes ornées
De banderoles, de drapeaux et d'étendards;
Des peuples accourus sur les larges remparts,
Acclamaient à hauts cris ma force et ma victoire,
Et j'allais, glorieux d'un triomphe illusoire!
Mais un jour je te vis, et je ne songeai plus
A vaincre, j'oubliai les guerres, et je fus
Ton humble esclave, ô Sâvitrî, ma bien-aimée.

SAVITRI

Si la blessure ancienne, et qui s'était fermée,
Si la blessure amère, ô Satya, se rouvrait?

SATYA

Sommes-nous pas heureux dans la calme forêt?
Le peuple, dominé par l'ingrate colère,
M'a chassé: que m'importe? La forêt est claire,
Je ne me souviens plus des haines d'autrefois
Et j'écoute chanter la chanson de ta voix.

SAVITRI

Oui, nous sommes heureux; mais si, de sa main blême,
Yama, le Dieu des morts...

SATYA

O Sâvitrî, je t'aime.
Nous sommes jeunes, et ta beauté m'éblouit.
Yama, le roi des morts, le Dieu d'ombre et de nuit,
Oubliera bien longtemps de heurter notre porte.
Je t'aime, ô Sâvitrî. Vivons heureux.

SAVITRI

La morte
Est insensible, hélas, aux baisers du vivant.
N'entends-tu pas des cris qui passent dans le vent?

SATYA

Regarde, ô chère amour, luire les fleurs vermeilles,
Écoute bourdonner les rapides abeilles,
Vois le soleil et ses rayons épanouis :
Les brouillards attristés se sont évanouis.

SAVITRI

Oui, toute la forêt palpite, dans la joie,
Les belles fleurs sourient, le grand soleil flamboie,
Et le royal amour enchante le matin !

SATYA

O femme, ne crains plus les hasards du Destin :
L'avenir apaisé rit à notre fortune.
Aimons-nous, et chassons la douleur importune ;
Aimons-nous, les chagrins de jadis oubliés,
Parmi les grandes fleurs des bois hospitaliers.

SAVITRI

Je t'aime, je t'adore, ô mon prince, ô mon maître,
Et mon immense amour ne sera jamais las :
Le soleil, fleur du ciel, se fanera peut-être,
La fleur de mon amour ne se fanera pas.

SATYA

Viens : le soleil plus haut annonce que c'est l'heure
De quitter les abords calmes de la demeure.
Ainsi que chaque jour, nous irons par les bois
Au long des chemins verts et des sentiers étroits,
Que les rayons divins parent de lueurs blanches ;
Tu cueilleras les fruits que t'offriront les branches,
Les fruits qu'ont fait mûrir les fécondes saisons ;
Ou tu réjouiras les jeunes floraisons
D'une onde heureuse prise à des fontaines fraîches.

3.

SAVITRI

Et toi, de la pointe invincible de tes flèches,
Tu perceras le tigre rude et le vautour.

SATYA

Allons par le bois plein de bonheur et d'amour!

> *Satya fait quelques pas, et s'ar-*
> *rête, chancelant.*

SAVITRI

O Satya, je te vois qui pâlis et chancelles...

SATYA

Non... ce n'est rien... Les fleurs de l'aurore sont belles...
Regarde.

SAVITRI

      Je te vois pâlir affreusement.
Qu'as-tu?

SATYA

      Je ne sais... Rien... Dans le matin aimant,
S'ouvrent de larges fleurs dont le parfum enivre.
C'est cela...

SAVITRI

Mon époux...

SATYA

Oh, je pourrai te suivre
Aux bois. Voici déjà que je respire mieux.
Viens.

SAVITRI

Je ne sais quel vague étrange est dans tes yeux.

SATYA

Non, Sâvitri : je suis jeune, je suis robuste.
Allons aux bois. La volonté des Dieux est juste.
Viens. Les bois en gaieté nous appellent.

SAVITRI

J'ai peur.

SATYA

Peur? O ma reine, vois : la divine splendeur
Du cher printemps rayonne au ciel et sur la terre,
Et toute la forêt rit d'amoureux mystère.
Nous marcherons sous l'œil favorable des Dieux.
Viens, viens.

SAVITRI

Veillez sur lui, rois du ciel radieux.

Satya fait encore quelques pas;
de nouveau il chancelle, et il tombe.

SATYA

Ah... ah...

SAVITRI

Satya...

SATYA

Dieux, Dieux, que voulez-vous? Serait-ce
L'heure de la fatale et mortelle détresse?
Dieux, Dieux, protégez-moi, protégez Sâvitrî.
Écoutez-moi, divins! Répondez à mon cri :
Ce n'est pas la main de Yama qui me terrasse?

SAVITRI

O Satya, que dis-tu? Quelle horrible menace!

SATYA

Sauvez-moi, sauvez-moi! Non, non, je ne veux pas
Descendre vers la nuit des lourds pays d'en-bas.
Je veux cueillir les pures fleurs que l'amour sème.
Le printemps est doux. Ma reine est belle. Je l'aime.
Le temps n'est pas venu de mourir, Dieux puissants?

SAVITRI

Bien-aimé...

SATYA

C'est un mal étrange que je sens.

Il se relève avec peine.

Je suis faible. Je puis me soutenir à peine.
Guide-moi vers la demeure, ma douce reine,
Car mes yeux angoissés ne voient plus le soleil.
Hélas! voici qu'un sombre et qu'un épais sommeil
Vient aveugler de nuit farouche ma prunelle.

SAVITRI

O Dieux, épargnez-nous la douleur éternelle.

SATYA

Oh, je t'aime... L'amour sourit dans la forêt...
Oh, tu n'oublieras pas celui qui t'adorait?...

> *Soutenu par Sâvitrî, Satya entre
> dans la hutte. — Yama paraît. Il tra-
> verse le théâtre, il va vers la hutte,
> dont il pousse la porte. — Sâvitrî
> sort, et barre la porte à Yama.*

SCÈNE IV

SAVITRI, YAMA

YAMA

Femme, va-t'en. Je veux passer.

SAVITRI

Ton nom?

YAMA

Qu'importe

Mon nom? Je dois franchir le seuil de cette porte.
Un homme est là, qui dort, et qui m'appartient.

SAVITRI

Non.

Tu n'entreras pas!

YAMA

Si je t'apprenais mon nom,
Mon nom craint et haï, tu tremblerais, ô femme!
On me dit plus cruel que la farouche lame
Qui renverse et détruit les vaisseaux de la mer,
On me dit plus cruel que les neiges d'hiver
Et que, dans le ciel noir, les hurlantes tempêtes.
Je marche, impitoyable, et je fauche les têtes.

SAVITRI

Déjà depuis longtemps mon esprit te nomma,
Dur faucheur de la vie et du bonheur, Yama!

YAMA

Femme, puisque tu sais de quel nom je me nomme,
Va-t'en! Il faut que j'entre en ta demeure. L'homme
Est à moi.

SAVITRI

Non, cruel, non, tu n'entreras pas!
O Dieu nocturne, roi des morts, toi qui trompas
Si souvent nos espoirs, hélas, trop éphémères,
Va, je ne te crains plus, Dieu des larmes amères.
Je me sens forte, et je te domine à mon tour
De toute ma douleur et de tout mon amour.

YAMA

Me dominer... Ah, ah... Arrière, femme, arrière!
Yama, le Dieu qui reste sourd à la prière,
Et que réjouit l'âcre et chaud parfum du sang,
Tu penses le dompter d'un regard menaçant!
Arrière, pauvre femme, ô folle entre les folles.

SAVITRI

Arrière, roi hideux des âmes que tu voles!
Va, retourne au pays douloureux des sanglots.
Ici, c'est la forêt de joie et de repos,
Et, du bruit haineux de ta marche aventureuse,
N'en trouble la douceur ni la paix amoureuse.

YAMA

O femme, c'est à moi qu'appartient ton époux.

SAVITRI

Non. Va-t'en. Le héros au regard noble et doux,
Que les Dieux ont paré de la beauté suprême,
Celui qui semble le printemps, celui que j'aime,
Oh, celui-là, malgré tes rires triomphants,
Tu ne peux pas me le ravir : je le défends.

YAMA

Ah, ne m'irrite pas. Prends garde, folle reine.

SAVITRI

Pars, redescends vers la demeure souterraine
Où t'accueillent toujours de noirs gémissements,
Rentre dans ton palais de cris et de tourments,
Et laisse notre amour et sa chanson sacrée
Vivre divinement dans la forêt dorée.

YAMA, *sourdement.*

C'est l'heure fatale où ton amour doit mourir.
Ne crois pas, toi qui vas pleurer et vas souffrir,
Que jamais tu me fasses peur ni tu me touches.
Ton héros est promis aux ténèbres farouches,
Et malgré ton chagrin, malgré tes cris, malgré
Tes clameurs vaines, il est à moi : je l'aurai !
Donc, voilà trop longtemps déjà que je t'écoute.
Arrière. Que je passe et poursuive ma route.

SAVITRI

Non, je brave ta force et ta fureur, Yama.
            *Elle étend les bras en travers de
la porte.*

4

YAMA

Femme, tu vas trembler devant l'invincible!

Il se précipite vers Sâvitrî, lui saisit un poignet et l'entraîne. Sâvitrî se débat et, du bras resté libre, veut se dégager. Yama lui saisit l'autre poignet. En cherchant à lutter encore. Sâvitrî tombe.

SAVITRI

Ah...

Yama hausse les épaules et regarde un instant Sâvitrî. Puis il va vers la hutte. — Sâvitrî, rapidement, se relève, court à Yama, et, avant qu'il ne soit entré, se jette à ses genoux, et le retient par son vêtement.

SAVITRI

Yama! Yama! Dieu fort, ô vainqueur! Pitié! Grâce!
Tu me vois humble et faible à tes pieds. Oh, j'embrasse
Tes genoux! N'entre pas dans la chère maison.
A l'arbre heureux n'arrache pas sa floraison.
Non, non, ne franchis pas le seuil de la demeure!
J'étais folle. Regarde, Oh, je pleure, je pleure.

Sois pitoyable, ô Dieu puissant, n'entre jamais;
Laisse l'époux à l'épouse. Je te promets
Des offrandes sans nombre et de beaux sacrifices.
Ne nous condamne pas au plus dur des supplices.
Oh, tu n'entreras pas, je le sais, je le sais.
Tout à l'heure, je t'ai dit des mots insensés,
Pardonne-moi. Dieu bon, Dieu juste, je t'implore !
Tu ne me prendras pas le héros que j'adore,
Et la reine des bois, dans le printemps chéri,
Verra passer Satya le fier, et Sâvitrî.

> *Yama, tandis que Sâvitrî parlait,*
> *l'a regardée longuement. Son*
> *expression s'est un peu adoucie.*
> *Quand elle a fini, il reste un instant*
> *sans répondre.*

YAMA, *brusquement.*

Que les brises du ciel emportent tes paroles !
Je te l'ai dit : je suis sourd aux prières folles.

SAVITRI

Oh, tu n'es pas cruel et tu m'écouteras !
Yama, tu seras juste et tu ne voudras pas
Que se voile pour moi le matin diaphane.
Comme au manguier puissant la légère liane,
Comme à l'arbre la branche où mûrissent les fruits,

Comme la clarté bleue à Candra, Dieu des nuits,
Je suis liée à mon époux fidèle et tendre.
Je te supplie, ô Dieu, Dieu fort, daigne m'entendre,
Sèche mes pauvres yeux que rougissent les pleurs.
Laisse-nous contempler le soleil et les fleurs.

YAMA, *lentement, après un nouveau silence.*

Écoute, ô Sâvitrî, mes paroles dernières :
Satya ne verra plus poindre sur les clairières
La féconde lueur du soleil aux yeux d'or ;
Ses flèches pures n'iront plus briser l'essor
Des vautours, conquérants de la céleste plaine ;
Il ne connaîtra plus le parfum ni l'haleine
Des brises, frêles compagnes du printemps clair ;
Dans mon royaume, où pleure un éternel hiver,
Il connaîtra la nuit, la nuit lourde et mortelle.

SAVITRI, *gémissante.*

Tais-toi, Yama, tais-toi ! Ta menace est cruelle !

YAMA

Ainsi, j'emportérai cet homme, sans pitié,
Quand même un autre humain voudrait, fou d'amitié,
Pour celle de Satya m'abandonner sa vie.

SAVITRI, *se relevant avec violence.*

Ah...

> *Elle reste un instant silencieuse;*
> *puis elle parle à demi voix, presque*
> *souriante.*

De quel pur espoir ma douleur est suivie...

> *Plus haut, et lentement.*

Ainsi, pour racheter celui qui doit mourir,
Un autre, librement, sans trembler, sans gémir,
Peut descendre en la mort et la nuit éperdue?

YAMA

Ma parole est rigide et tu l'as entendue :
J'emporterai dans la lourde mort ton époux.
Qu'importe si, parfois, j'ai permis à des fous
De sauver des mourants par le don de leur vie?

SAVITRI, *gravement.*

Tu verras, Dieu cruel, ta fureur assouvie;
Mon bien-aimé pourtant vivra dans la clarté.
Puissant Yama, maître farouche et redouté,
Dans ton royaume va te suivre une vivante :
Maître, je me soumets, et je suis ta servante.
Laisse le roi Satya vivre dans la forêt;
Que le chasseur atteigne encore, de son trait,

4.

Le rapide vautour et l'agile panthère :
C'est moi qui descendrai chez les morts, sous la terre.

YAMA, *fixant des yeux Sâvitrî.*

Toi! me suivre!

SAVITRI

Je suis ton esclave. Voici
Ma main. Prends-la. J'irai, loin du ciel adouci
Qui me charmait les yeux de sa fraîche lumière,
Dans la mort maternelle et dans la nuit première.

Elle fait un pas vers la hutte.

Oh, j'aurais voulu vivre auprès de toi, longtemps.
Nous aurions vu passer les étés éclatants,
Nous aurions vu passer les paisibles automnes.
Même les nuits d'hiver nous auraient été bonnes,
Et, très tard, souriants, et la main dans la main,
Nous aurions pris tous deux le funèbre chemin.
Le Dieu morne est venu; j'ai subi son empire.
Aimé, vois le soleil de la victoire luire,
Tandis que Sâvitrî gémira chez les morts.
O maître, ô souverain, ô fort entre les forts,
Qu'importe que j'habite en la mort ténébreuse?
Je ne suis qu'une tendre femme, une amoureuse
Bien triste, mon Satya, de t'avoir délaissé.
Je pleure mon amour, mon pauvre amour blessé,

Mon bel amour, soleil fleuri de ma jeunesse.
Aimé, fassent les Dieux que ton bonheur renaisse,
Loin de celle qui fuit pour jamais tes chers bras.
Le Destin est cruel : mais, du moins, tu vivras,
Tu vivras, glorieux, et tu pourras encore
Éblouir le regard triomphal de l'aurore.

> *Yama n'a pas cessé de regarder Sâ-*
> *vitrî. Il a fait le geste de lui prendre*
> *la main. Puis il hésite encore.*

YAMA, *très grave.*

Tu ne me suivras pas vers le pays lointain
Des morts : ce n'est pas toi que marque le Destin.

SAVITRI

Yama, Yama, daigne écouter ma voix plaintive.
Oh, prends pitié de moi, permets que je te suive.
Je ne veux pas languir de morne désespoir
Et vivre un éternel et lamentable soir.
Emporte-moi ; la mort me sera bonne et douce.

> *Yama s'est éloigné de la hutte.*
> *Lentement, comme fasciné, il s'est*
> *approché de Sâvitrî.*

YAMA, *plus faiblement.*

Reste. Je ne veux pas de toi. Je te repousse.

D'une voix de plus en plus attendrie.

Vis, oublieuse des passagères douleurs,
Parmi le rire clair des feuilles et des fleurs.
Dans le printemps, enivre-toi de leur arome;
C'est l'homme que j'emporterai vers mon royaume,
Vers le repos obscur du pays exécré :

Plus ferme.

La proie est glorieuse, ô femme, et je l'aurai !

SAVITRI

Regarde Sâvitrî dans le jour qui flamboie;
Ne sera-t-elle pas une royale proie?

YAMA

Femme...

SAVITRI

Regarde-moi. Regarde mon front pur
Et l'arc de mes sourcils, courbé pour un trait sûr;
Regarde mes cheveux que caresse la brise;
Regarde palpiter mes lèvres où s'attise
Le brasier enchanteur et troublant du baiser;
Regarde mes mains où l'oiseau vient se poser,

Et regarde mes bras, mes bras souples de reine
Qui savent enchaîner d'une invincible chaîne ;
Regarde mes grands yeux, profonds comme la mer,
Regarde la splendeur royale de ma chair,
Et, Dieu des morts, Dieu qu'on vénère et qu'on redoute,
Prends-moi dans ma beauté superbe, prends-moi toute !

> *Yama ne peut plus détacher ses regards de Sâvitrî. Il marche vers elle, s'arrête une fois encore ; il hésite ; enfin, brusquement, il court à elle.*

YAMA, *violemment.*

Sâvitrî, Sâvitrî, viens, donne-moi la main.
Suis-moi, femme, tu vas connaître mon chemin.
Satya peut vivre. C'est toi seule que j'entraîne,
O fleur de la forêt, ô glorieuse reine.

> *Il la saisit.*

SAVITRI

Oh... le revoir...

YAMA

Non, non, esclave de Yama.

SAVITRI

Adieu, héros béni que ma jeunesse aima.

> *Elle se dégage doucement de l'é*
> *treinte de Yama.*

Adieu, demeure calme où j'ai connu la joie,
Demeure où rayonnait un soleil printanier.
Oh, puisse-t-il, à l'heure où l'aurore rougeoie,
Partir en chasse sans gémir, sans oublier.

Adieu, je descends vers les ténèbres heureuses.
O mon Satya, héros adoré qui m'élus,
Garde le souvenir des saisons amoureuses.
Ami que j'ai sauvé, tu ne me verras plus.

Et vous, Déesses radieuses,
Souveraines de la forêt,
Vous dont les voix mélodieuses
Enchantent le jour qui paraît,

Consolatrices éternelles
Et qui m'appeliez votre sœur,
Adieu! Sâvitri part, ô belles,
O reines pleines de douceur !

Oiseaux des bois, fleurs des vertes clairières
Qui me berciez d'hymnes tout parfumés,

Adieu! Je vais loin des pays aimés :
Accompagnez celle qui part de vos prières.

> *Tandis que parlait Sâvitrî, les*
> *Déesses sont entrées.*

SCÈNE V

SAVITRI, YAMA, LES DÉESSES

LA REINE

Oh, nous t'aimions, tendre reine aux doux yeux,
Qui nous disais de si chères paroles,
Et nous pleurons pour d'éternels adieux.

SAVITRI

Dans la forêt que parent les corolles,
Veille sur mon époux, sur le héros,
Déesse d'or, ô reine qui consoles.

LA REINE

Nous chanterons nos hymnes les plus beaux
A celui-là qui reste, pauvre reine...
Mais ils seront parfois lourds de sanglots.

SAVITRI

Qu'il ne languisse pas de douleur vaine,
Dites pour lui la splendeur du soleil, ·
Que vos chansons calment sa dure peine.

LA REINE

Ah, pourrons-nous lui charmer le sommeil
Des songes clairs qui font les douleurs brèves ?
Pourrons-nous rire en le matin vermeil ?

SAVITRI

Fleurissez-lui l'âme de tendres rêves !

> *Comme elle va tendre la main à
> Yama, elle regarde encore vers la
> forêt et la maison.*

Arbres de la forêt, lotus, fleurs du printemps,
O demeure hospitalière, vers qui je tends
Pour la dernière fois mes mains d'épouse heureuse,
Adieu. Je pars. Je suis la route ténébreuse,
Lotus, ô fleurs du jour, ne vous flétrissez pas,
Et vous, sentiers bénis, fleurissez pour ses pas.

> *Elle tend une main à Yama, qui
> la prend, et, de l'autre, envoie un
> baiser vers la hutte. Les Déesses
> pleurent. — Le rideau se ferme
> lentement.*

5

ACTE II

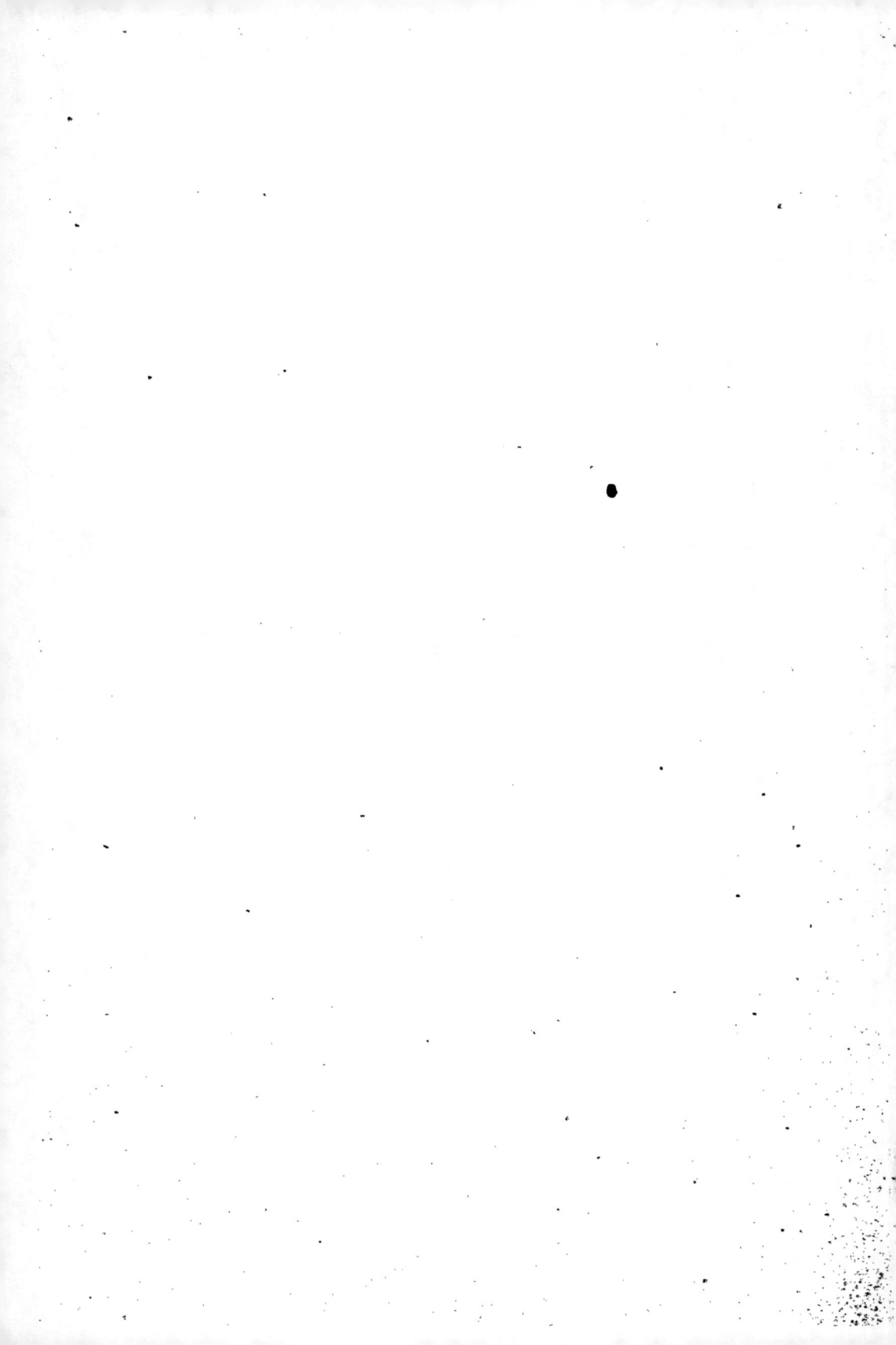

Même décor.

A l'ouverture du rideau, les déesses sont groupées çà et là en des attitudes de tristesse. — C'est le crépuscule.

SCÈNE I
LES DÉESSES DE LA FORÊT

LA PREMIÈRE DÉESSE

Un crépuscule froid monte, dolent et sombre,
Et le rouge occident raille l'orient noir.

LA SECONDE DÉESSE

Dans le ciel triste, nulle étoile, fleur de l'ombre,
N'ouvre à nos yeux en pleurs sa corolle d'espoir.

LA REINE

Voyez, ô sœurs, voyez pâlir les feuilles lasses,
Voyez les grands lotus se faner : on dirait,
Yama, Dieu dont le souffle est mortel, que tu passes
Encore dans la nuit morne de la forêt.

5.

LA PREMIÈRE DÉESSE

Celle qui, le matin, versait de ses mains pures,
L'eau bienfaisante aux fleurs écloses dans les bois,
Nous ne l'égaierons plus de nos heureux murmures,
Et nous n'entendrons plus le charme de sa voix.

LA SECONDE

Celle qui, sous les feux paisibles de l'aurore,
Écoutait la chanson des oiseaux familiers,
Elle est partie, et le vent du soir qui s'éplore
Frissonne en gémissant à travers les halliers.

LA REINE

Oh, la langueur douloureuse du crépuscule
Où le soleil qui meurt jette un regard sanglant !
Le chagrin alourdit ma paupière et la brûle :
Oh, doit-il refleurir jamais, le matin blanc ?

SCÈNE II

LES DÉESSES, SATYA, puis SAVITRI

LA PREMIÈRE DÉESSE

Satya.

LA REINE

Satya.

SATYA, *au seuil de la hutte.*

Salut, Déesses bienheureuses !
Lancez dans la forêt vos chansons amoureuses !
Qu'y répondent les fleurs et les oiseaux ravis :
Car les Dieux m'ont sauvé, Déesses, car je vis !

LA REINE

O Satya, puisses-tu vivre parmi la joie !

SATYA

Oui, je vivrai joyeux, pourvu que je la voie,
Celle dont les grands yeux m'éclairent le chemin.

LA REINE

Hélas...

SATYA, *comme dans un rêve.*

Viens, ô ma pure amie, et prends ma main :
Les vieux sentiers de la forêt sont pleins de mousse ;
Les fleurs s'endorment ; la clarté du soir est douce ;
Les étoiles d'amour ont des rayons bénis :
Viens, ô belle, suivons les sentiers rajeunis.

LA REINE

Oh, puissent les sentiers et les bois te sourire.

SATYA

Cette forêt où l'amour chante est notre empire.
Longtemps nous y vivrons, protégés par les Dieux :
Dans l'aurore ou le crépuscule, tous les deux,
Nous dirons vers le ciel des hymnes de victoire.

LA REINE

La nuit monte, la nuit désespérée et noire.

SATYA

Monte dans le ciel calme, ô glorieuse nuit,
Et sois-nous bienveillante, ô toi qui viens sans bruit
Et qui verras de quel bonheur notre âme est pleine !
Caresse-nous le front de ta divine haleine,
Et mêle tes soupirs sereins et parfumés
Aux soupirs des amants que l'amour a pâmés ;
Voici que ton manteau tranquille se déploie :
D'innombrables yeux d'or vont contempler ma joie !

LA REINE

La nuit apitoyée est lourde de sanglots.

SATYA

Les lotus que l'éclat du soleil avait clos
Rouvrent déjà la pureté de leurs corolles ;
Viens : que nos pas légers frôlent les herbes molles,
O bien-aimée !

LA · REINE

Hélas...
satya, *qui s'est retourné, voit la Reine pâle et pleurante.*
Tu pleures ?

LA REINE

Pauvre roi !

SATYA, *sortant de son rêve.*

O Reine, tu gémis et tu pleures : pourquoi ?

LA REINE

N'as-tu pas vu, Satya, comme la forêt pleure ?
N'as-tu pas vu le trouble et l'angoisse de l'heure ?
N'as-tu pas entendu que les reines des bois
Avaient pour t'accueillir des sanglots dans la voix ?

SATYA

Oui, des bois sombres comme une plainte s'élève.
Tandis que je dormais un lourd sommeil, sans rêve,
Un étrange sommeil, quelqu'un est-il venu
Attrister la forêt d'un malheur inconnu ?
Parlez ! Et toi, ma Sàvitrí, quand je t'appelle,
Tu ne parais pas, ô mon aimée, ô ma belle !
Ah, qui donc est venu, Déesses ? Répondez !

LA REINE

A voir tomber déjà les feuillages ridés,
A voir les pauvres fleurs dolentes et flétries,
A notre accueil muet du bonheur que tu cries,
Au deuil silencieux du ciel languide et noir
D'où tombe un morne, un implacable désespoir,
Aux larmes de nos yeux pâlis, comme à la plainte

Qui s'échappe des sentiers de la forêt sainte,
Roi vigoureux jadis, roi maintenant blessé,
Ne devines-tu pas que la mort a passé ?

SATTA

Sâvitrî... Sâvitrî... Yama me l'a ravie...

LA REINE

Malheureux...

SATTA

Elle, mon amour, elle, ma vie,
Elle, tout mon bonheur et toute ma clarté,
Voilà qu'on me l'a prise et qu'elle m'a quitté !

Je ne la verrai plus dans la jeune aurore
Voler, abeille heureuse, de fleur en fleur,
Et sous le feuillage que le soleil dore
Je ne verrai plus, ô divine douceur,
Ses grands cheveux noirs flotter au gré des brises ;
Et ses doigts légers, loin des demeures grises,
Ne me guideront plus parmi la lueur.

Pâle souvenir du regard dont me sèvre
Le morne départ de la belle aux grands yeux...
Elle est morte... Voici se voiler les cieux...
Le temps est passé de l'amoureuse fièvre...

De tristes sanglots troublent le soir amer...
Hélas, les baisers glorieux de sa lèvre,
Et la volupté royale de sa chair...

LA REINE

Roi, pour que le temps te guérisse
Et te rassérène le front,
Les Déesses te chanteront
La parole consolatrice.

SATYA

Tu ne trouveras pas de chanson, ô ma sœur,
Pour enchanter le mal cruel de ma douleur.
J'irai, les yeux perdus, dans la nuit importune.
Les rayons calmes, les rayons frais de la lune
Pourront briller au ciel, je ne les verrai plus.
Je suis l'inconsolable, et je vivrai reclus
Dans mon deuil lourd et dans ma funèbre souffrance.

LA REINE

Frère, nous te rendrons la joie et l'espérance.

SATYA

O souvenir heureux des matins odorants,
Souvenir des baisers divins... O Yama, rends
A l'époux désolé qui t'implore l'épouse.

Yama, laisse-la fuir ta demeure jalouse,
Laisse-la revoir les astres du ciel clément,
Laisse-la revenir aux bras de son amant.

LA REINE

Écoute-le prier, ô Yama, Dieu farouche.

SATYA

Rends-moi ses yeux profonds, rends-moi sa claire bouche,
Rends-moi ses pures mains, rends-moi ses grands cheveux.

LA REINE

O Yama, Dieu fort, daigne exaucer de tels vœux.

SATYA

O roi des morts, nous n'avons pas commis de crime.
Laisse-la remonter de l'implacable abîme.

LA REINE

Yama, fais refleurir la sœur de la forêt.

LA PREMIÈRE DÉESSE

Ah, comment, Sâvitrî loin d'elle, sourirait
La clairière où les fleurs malades se sont closes?

6

LA SECONDE DÉESSE

Rends-nous Sâvitrî; rends la joie aux bois moroses.

SATYA

Exauce mon humble prière, ô puissant roi.

LA REINE

Écoute la forêt crier toute vers toi.

SATYA

Sâvitrî, Sâvitrî, ma reine, je t'appelle.

LA PREMIÈRE DÉESSE

Oh, rends-nous notre sœur gracieuse et fidèle.

SATYA

Sois pitoyable, ô Dieu tout-puissant : je veux voir
Luire encore en ces bois la fleur de mon espoir.
Rends-moi tout mon amour et toute ma pensée.

LA VOIX DE SAVITRI, *venant de gauche.*

Satya...

SATYA

C'est elle! Ma prière est exaucée.

> *Satya court vers la gauche. Sâvi-*
> *tri entre précipitamment et se jette*
> *dans ses bras. Ils se tiennent longue-*
> *ment embrassés.*

LA REINE

Chère sœur, sois bénie, ô toi qui reparais
Dans les sentiers émus des vivantes forêts;
Oh, sois bénie, et, par la nuit déjà moins noire,
Nos hymnes enchantés exalteront ta gloire.

SAVITRI, *se tournant vers la Reine, à demi voix.*

Non, non, ne soyez pas joyeuses, chères sœurs;
Pour mon triste retour ne cueillez pas de fleurs,
Ne mêlez pas vos chants aux parfums de la brise:
C'est Yama, c'est la mort, c'est l'oubli qui m'a prise.
Si je m'attarde, dès que cette heure aura fui,
Le Dieu, le Dieu jaloux m'appellera vers lui.

LA REINE

Hélas, dans la forêt semble gémir l'automne,
Dans la pauvre forêt que la joie abandonne.

> *Elle disparaît avec les Déesses.*

SCÈNE III

SATYA, SAVITRI

SATYA, *qui, éperdu de joie et comme en extase, n'a pas cessé de regarder Sâvitrî.*

Quelle importune voix parle du mauvais sort ?
Le souffle du printemps amoureux est plus fort
Que les vents froids et lourds de brumes, ô ma reine !

> *Tendant les bras vers Sâvitrî.*

Viens !

SAVITRI

La mort est puissante, hélas.

SATYA

> La mort est vaine !

Viens dans mes bras, ô mon amour, ô ma beauté !

> *Sâvitrî se jette dans les bras de Satya.*

Je le savais bien, que tu n'avais pas quitté
Pour toujours la forêt chère à notre jeunesse,
Et que ton frais baiser guérirait ma tristesse.
Oh, nul ne viendra nous séparer désormais;
Les yeux charmés et fiers, nous vivrons dans la paix
Des bois harmonieux et des fleurs odorantes;
J'écouterai les hymnes heureux que tu chantes,
Et sans que nulle erreur puisse nous désunir,
Nous marcherons tous deux vers le clair avenir.

SAVITRI, *se dégageant*

Mon cher époux!

SATYA

L'épreuve était farouche et rude,
Je pleurais dans ma grave et triste solitude,
Et je me sentais lourd d'une éternelle nuit.
Mais voici maintenant que le chagrin s'enfuit :
Les astres cléments ont oublié leurs colères,
Et vois rire le ciel plein des clartés stellaires.
Le chant de la forêt monte, pieux et doux :
L'heure est divine... O belle, aimons-nous, aimons-nous!

SAVITRI

Oui, la brise du soir est tendre... Elle m'effleure...

6.

Elle me caresse... O charme enivrant de l'heure...

Elle tombe dans les bras de Satya,
puis s'en échappe avec un cri.

Ah... l'horrible serment que rien ne peut briser...
Prends mes lèvres, Satya : c'est le dernier baiser.

SATYA

Qu'as-tu dit?

SAVITRI

Au détour ténébreux de la route,
Le Dieu cruel se cache et me guette, sans doute.
Ne vois-je pas ses yeux rouges? Et je l'entends
Qui menace tout bas et qui compte le temps.
Avec son rire affreux, derrière quelque haie
Il va surgir...

SATYA

Grands Dieux, ton délire m'effraie...

SAVITRI

Il va surgir, et m'emporter là-bas, là-bas...
Oh, l'étreinte invincible et lourde de ses bras...
Non, je ne veux pas qu'il m'emporte.... je veux vivre...

SATYA

Tu vivras... Que Yama vienne, je te délivre...

SAVITRI, *se calmant.*

Hélas, une folie étrange m'égarait.
Il faudra que je quitte encore la forêt,
Pieuse et fidèle à la parole jurée.
Reçois en un baiser mon âme énamourée,
O Satya, mon amant, mon tout : car je te vois
En cette heure de mort pour la dernière fois.

SATYA

Oh, tu railles, et ta raillerie est cruelle.

SAVITRI

Vois mes larmes. La nuit, la longue nuit m'appelle.
Je lutterais en vain : le Dieu sanglant est fort.
Il faut me dire adieu : j'appartiens à la mort.

SATYA

Non, ta jeunesse, fleur mélodieuse et pure,
Ne doit pas se flétrir en la demeure obscure
Où les morts ténébreux gémissent longuement.
Non, ta jeunesse doit rire au matin clément,
Ta jeunesse doit rire aux étoiles divines.
Les grands arbres, verte couronne des collines,

Ne t'appellent-ils pas de gestes familiers ?
La mousse des bois est paresseuse à tes pieds,
Les lotus des ruisseaux te parlent de leurs signes
Et, sitôt qu'ils te voient, les flammants et les cygnes
Nagent plus gais parmi les fleurs des étangs bleus.
Reste, ô ma Sâvitrî, je t'adore. Les Dieux
Ne veulent pas que la froide mort te saisisse ;
Ils nous protégeront : je crois en leur justice.
Tu ne t'en iras pas, ô belle !

SAVITRI

J'ai juré.

SATYA

Hélas...

SAVITRI

Je pleure, ami : pourtant, je partirai.

SATYA

Oh, pour toujours, ma pauvre fleur, si tôt flétrie ?...

SAVITRI

Quand il m'emmena loin de la forêt chérie,
Il m'interdit, malgré les larmes de mes yeux,
La douceur gémissante et triste des adieux ;

Sans te revoir, j'ai dû le suivre dans sa route.
Je marchais comme aveugle, et je frissonnais toute,
Et je suis descendue au royaume des morts.
Le dur Yama peut-être a connu le remords
Quand ta lèvre a prié la dolente prière.
Il me cria : « Tu peux retourner sur la terre,
Et revoir ton époux une dernière fois.
Va près de lui. Gémis, soupire, pleure ; sois
La désolée, et l'opprimée, et l'attendrie :
Mais ne t'attarde pas en la forêt fleurie,
Et jure-moi de revenir fidèlement. »
Et j'ai juré, Satya, le terrible serment.

SATYA

Malheureuse...

SAVITRI

Reçois donc mon baiser funèbre.
Elle baise longuement les lèvres de Satya.
Que l'hymne radieux des peuples te célèbre,
Maître beau de jeunesse et de sérénité,
Et que ton nom victorieux soit exalté
Plus que le nom du Dieu qui règne en la lumière ;
Que ta vie, ô mon roi, soit glorieuse et fière ;
Que les méchants succombent sous tes traits aigus,
Mais sois sans haine, et sois pitoyable aux vaincus.

Sois doux aux pauvres gens que la misère opprime ;
Qu'on adore devant ta course magnanime,
Mais que les grands héros que ta force a domptés
Soient heureux de subir tes justes volontés.

S'en allant.

Adieu, mon Satya, songe à Sâvitrî. Je t'aime.

SATYA, *bondissant vers Sâvitrî et la retenant par le bras.*

Tu ne partiras pas, quand je devrais moi-même
Lutter avec le roi des morts, quand je devrais,
Pour que tu vives dans la splendeur des forêts,
Pour que tes yeux aimés contemplent la lumière,
Donner mes yeux, donner, reine, ma vie entière.

SAVITRI

Ah...

SATYA

Qu'il vienne, le Dieu sombre au regard de sang :
Mon bras est vigoureux, et mon arc est puissant ;
Ma flèche est acérée... Ah, qu'il vienne, qu'il vienne !
Je défendrai ta vie adorée et la mienne !

SAVITRI

Yama, le Dieu Yama, quel homme le vaincrait ?
Même les autres Dieux tremblent, quand il paraît ;
Il trouble le ciel vaste, et la terre, et les ondes,

Et, de sa force altière, il domine les mondes.
Quels que soient ton courage, ô maître, et ta vertu,
Quel que soit notre amour, comment le vaincrais-tu ?

SATYA

Qu'il me vainque ! Je tenterai du moins la guerre !

Yama paraît tout à coup.

SCÈNE IV

SATYA, SAVITRI, YAMA

SAVITRI

Lui !

SATYA

Te voici, roi dont le nom émeut la terre !
Moi, je ne te crains pas.

Yama jette à Satya un regard dédaigneux.
YAMA, *à Sâvitrî.*

Tu restes bien longtemps,
Sâvitrî, loin du noir palais où je t'attends.
C'est l'heure. Prends ma main. Il faut que je t'emmène.

Sâvitrî hésite.

Souviens-toi du serment.

SATYA

Roi, ton attente est vaine.
Sâvitrî m'appartient et ne te suivra pas.

YAMA

Elle est à moi.

SATYA

Viens donc l'arracher de mes bras.
Je la protège.

YAMA

Sâvitrî pourrait te dire
Quelle est ma force, prince, et quel est mon empire.
Contre Yama, c'est toi qui luttes vainement.

A Sàvitrt.

Obéis, femme, et sois fidèle à ton serment.

SATYA

Voici donc les faveurs que le Dieu juste octroie...

YAMA, *s'irritant un peu.*

Le tigre fauve est là, qui réclame sa proie.
Donne.

7

SATYA

Je sais lutter contre un tigre affamé.
Tu ne me prendras pas ma belle au front aimé.
Va, quitte la forêt, fuis, bête aux dents livides,
Ou je crible ton corps de mes flèches rapides.

A Sàvitrî.

Mon arc !

Sàvitrî va entrer dans la maison. Yama, d'un
geste impérieux, l'arrête.

YAMA

O pauvre fou qui crois me faire peur !
Sais-tu pas que je puis éteindre la lueur
Des étoiles, joie et rire de la nuit brune,
Et que je puis ravir ses rayons à la lune?
Sais-tu pas que je puis voiler le soleil-roi ?
Quand je passe à ses pieds, je fais trembler d'effroi
La montagne d'or où trônent les Dieux superbes;
Mon souffle ardent brûle les feuilles et les gerbes,
Et si je te mettais, ô terre, dans mon van,
Tu te disperserais comme la paille au vent !

SATYA

Yama, tu peux traiter le monde en vil esclave;
Un homme est là pourtant, qui se lève, et te brave:

Cet homme, c'est Satya, l'époux de Sâvitrî ;
Sous ses coups, tu fuiras misérable et flétri !

Satya entre dans la hutte rapidement.

SAVITRI

Dieux cléments, protégez mon époux.

YAMA, *faisant un pas vers Sâvitrî.*

Es-tu prête ?

SATYA, *sortant de la hutte avec son arc et ses flèches.*

Allons ! Si tu le peux, pare ma flèche !

Il bande l'arc et va tirer.

UNE VOIX, *venant du ciel.*

Arrête !

Satya, surpris, laisse tomber l'arc.
Une lumière blanche éclaire le ciel.

SAVITRI

Cette voix ?

SCÈNE V

SAVITRI, SATYA, YAMA, LES DÉESSES, LAKSHMI

LA REINE, *entrant brusquement.*

Un prodige ! En le ciel éclairci,
En le ciel où soudain brille le jour, voici
Que parmi des parfums et des clartés insignes,
Passe un char lumineux que traîne un vol de cygnes.

> *Derrière la Reine, entrent peu à peu les Déesses de la forêt.*

SATYA

Quelque divinité, bonne pour les amants,
Vient-elle nous sauver de nos âpres tourments ?

SAVITRI

Vient-elle nous sauver de la crainte mortelle ?

> *Lakshmi apparaît dans la lumière.*

LA REINE

Lakshmî... C'est la Déesse de beauté... c'est elle.

Tous, sauf Yama, se prosternent.

SAVITRI

Ah, nous nous prosternons à tes divins genoux,
O protectrice des amants.

LAKSHMI

       Relevez-vous.
Dans mon char d'argent pur et de clarté légère,
Je viens du ciel heureux, divine messagère,
Et j'apporte aux amants tristes la guérison.
Ouvrez vos jeunes fleurs, arbres en floraison,
Oiseaux des bois, chantez vos chansons les plus belles,
Car je descends guider loin des routes mortelles
Ces amants dont l'amour est à son pur matin.

YAMA

Déesse...

LAKSHMI

      Ton regard, Dieu farouche et hautain,
Ton regard tout sanglant pour moi n'est pas terrible,
Et devant toi Lakshmî peut rester impassible :

                              7.

Le glorieux amour vaincra toujours la mort.
Sâvitrî, radieuse amante, apprends le sort
Que t'accordent les rois du ciel en leur sagesse.
Fleur dont Yama voulut moissonner la jeunesse,
Belle dont le maître des morts a pris les mains,
Tu ne peux plus marcher aux terrestres chemins.
L'invincible destin ne veut plus que tu vives
Dans la clairière où dort l'étang aux vertes rives
Ni parmi la fraîcheur joyeuse de ces bois;
Tu ne dois pas revoir ta demeure, et tu dois
Quitter à tout jamais le monde de la terre.

SAVITRI

O douce Reine...

LAKSHMI

Mais, loin de la nuit austère
Où voulait t'entraîner Yama, le Dieu cruel,
Les Dieux clairs t'ouvriront les beaux sentiers du ciel.
C'est ma main, Sâvitrî, qui te montre la voie;
Monte vers les jardins et les palais de joie
Dont les gemmes sourient sur la montagne d'or.
Viens. Je te guiderai dans ton divin essor,
O toi qui vas, fuyant le monde et les tristesses,
Siéger parmi les Dieux et parmi les Déesses.
Qu'elle pare à jamais le ciel étincelant,

Celle qui sut ravir l'époux au roi sanglant,
Et qui donna sa vie, ô Satya, pour la tienne !

SATYA

Que dit-elle ?

SAVITRI, *dans les bras de Satya.*

Je t'aime.

SATYA, *s'agenouillant devant Sâvitrî.*

O ma sublime reine...

Sâvitrî le baise aux yeux.

LAKSHMI, *à Yama.*

Et toi, maître des morts, retourne dans ta nuit !

YAMA

Je suis vaincu.

SCÈNE VI

LAKSHMI, SATYA, SAVITRI, LES DÉESSES

SATYA

Lakshmî la douce te conduit,
Loin du monde mortel où le Dieu sombre rôde,
Vers les palais de diamant et d'émeraude :
Oh, vais-je vivre encore ici-bas, séparé
De ma Déesse, que jamais je n'oublierai ?

SAVITRI

Lakshmî, dans la royale et céleste demeure,
Voudras-tu que je me lamente et que je pleure ?
Et pourquoi me ravir aux noirs pays d'en bas
Si parmi la splendeur l'aimé ne me suit pas ?

LAKSHMI

Le héros te suivra dans la gloire suprême.

Amants, venez tous deux aux jardins où l'on aime.

Satya et Savitrî s'étreignent,
entourés de lumière.

La divine lueur vous caresse le front ;
Venez : la route est radieuse et maternelle,
Et, pour vous accueillir sur la cime éternelle,
Amants bénis, les Dieux superbes chanteront.

UNE DÉESSE

La flamme douloureuse est à jamais éteinte ;
Vers le royaume d'or et de gloire, montez
Par les chemins heureux pleins de tendres clartés,
Montez, amants divins, dans la lumière sainte.

LA REINE

Allez, ô frère, ô sœur : l'avenir est serein.
Vers le monde où le jour victorieux flamboie,
Allez, parmi les chants des Dieux, et que s'éploie,
Cygnes immaculés, votre vol souverain.

SATYA

Tout le soleil déjà brille en ta chevelure,
Bien-aimée ; une voix merveilleuse murmure
Des hymnes enchantés de bonheur et de paix.
Vois-tu les jardins clairs ? Vois-tu les grands palais ?
Voici que nous entrons dans la lumière pure.

SAVITRI

Plus haut que les sentiers où passe le vautour,
Plus haut que le soleil, roi bienheureux du jour,
Nous voyons des jardins aux fleurs mélodieuses,
Et nous entrons, parmi des chansons radieuses,
Dans l'éternelle joie et l'éternel amour.

> *Enlacés, Satya et Sâvitrî marchent
> derrière Lakshmî, qui les guide.
> Les Déesses, souriantes, leur tendent
> les bras en signe d'adieux. — Le ri-
> deau se ferme très lentement.*

ACHEVÉ D'IMPRIMER

le vingt avril mil huit cent quatre-vingt-dix-huit

PAR

BLAIS ET ROY

A POITIERS

pour le

MERCVRE

DE

FRANCE

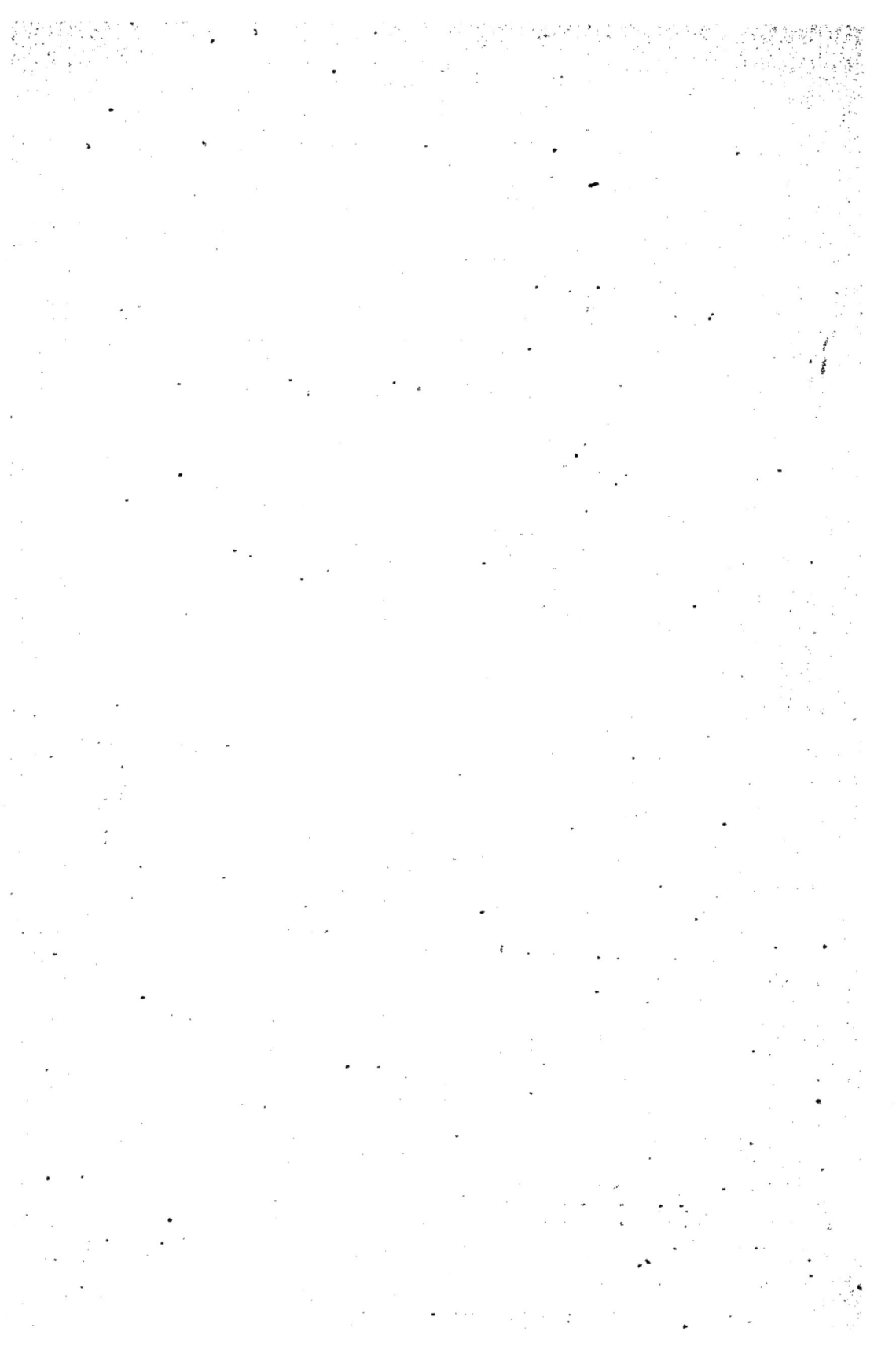

MERCVRE DE FRANCE

Fondé en 1672

(Série moderne)

15, RVE DE L'ÉCHAVDÉ. — PARIS

parait tous les mois en livraisons de 300 pages, et forme dans
l'année 4 volumes in-8, avec tables.

Rédacteur en Chef : ALFRED VALLETTE

Romans, Nouvelles, Poèmes, Littérature
Philosophie, Critique, Traductions, Théâtre, Musique
Portraits, Dessins et Vignettes originaux.

REVUE DU MOIS

Épilogues (actualité) : Remy de Gourmont.

Les Poèmes : Pierre Quillard.

Les Romans : Rachilde.

Théâtre (publié) : Louis Dumur.

Littérature : Robert de Souza.

Histoire, Sociologie : Marcel Collière.

Philosophie : Louis Weber.

Psychologie : Gaston Danville.

Science sociale : Henri Mazel.

Questions morales et religieuses : Victor Charbonnel.

Sciences : Albert Prieur.

Méthodes : Valéry.

Voyages, Archéologie : Charles Merki.

Romania, Folklore : J. Drexelius.

Bibliophilie, Histoire de l'Art : R. de Bury.

Esotérisme et Spiritisme : Jacques Brieu.

Chronique universitaire : L. Bélugou.

Les Revues : Charles-Henry Hirsch.

Les Journaux : R. de Bury.

Les Théâtres : A.-Ferdinand Herold.

Musique : Pierre de Bréville.

Art moderne : André Fontainas.

Art ancien : Virgile Josz.

Publications d'Art : Y. Rambosson.

Le Meuble et la Maison : Les XIII.

Chronique du Midi : Jean Carrère.

Chronique de Bruxelles : Georges Eekhoud.

Lettres allemandes : Henri Albert.

Lettres anglaises : Henry-D. Davray.

Lettres italiennes : Luciano Zuccoli.

Lettres espagnoles : Ephrem Vincent.

Lettres portugaises : Philéas Lebesgue.

Lettres latino-américaines : Pedro Emilio Coll.

Lettres russes : Zinaïda Wenguerow.

Lettres néerlandaises : Pauw.

Lettres scandinaves : Peer Eketræ.

Lettres tchèques : Jean Rowalski.

Variétés : X.

Publications récentes : Mercure.

Echos : Mercure.

PRIX DU NUMÉRO :

France : 2 fr. » — Etranger : 2 r. 25

ABONNEMENT

	FRANCE		ETRANGER	
Un an	20 fr.	Un an	24 fr.
Six mois	11 »	Six mois	13 »
Trois mois	6 »	Trois mois	7 »

On s'abonne *sans frais* dans tous les bureaux de poste en France (Algérie et
Corse comprises), et dans les pays suivants : Belgique, Danemark, Italie, Norvège,
Pays-Bas, Portugal, Suède Suisse.

Imp. G. RENAUDIE, 56, rue de Seine, Paris.

www.ingramcontent.com/pod-product-compliance
Lightning Source LLC
LaVergne TN
LVHW050611090426
835512LV00008B/1430